# ALL SAINTS

O LIVRO • NÃO-OFICIAL •

EDITORA MANOLE LTDA.

Calvin Klein Jeans

# ALL SAiNTS

O LIVRO NÃO-OFICIAL

Título do original em inglês: *All Saints*



Tradução: Maria de Lourdes Giannini
Editoração Eletrônica: ABBĀ Produção Editorial Ltda.



Este livro foi catalogado na CIP.

ISBN: 85-204-0915-0

1ª edição brasileira – 1998

Direitos em língua portuguesa adquiridos pela:
Editora Manole Ltda.
Rua Conselheiro Ramalho, 516 – Bela Vista
01325-000 – São Paulo – SP – Brasil
Fone: (011) 283-5866 - Fax: (011) 287-2853
http://www.manole.com.br

Impresso no Brasil
*Printed in Brazil*

# Sumário

# A História do All Saints – Parte 1

**As bandas de meninos como a Boyzone, 3T e Backstreet Boys podem estar acostumadas ao primeiro lugar no que diz respeito à guerra dos sexos. Mas é bom tomarem cuidado, porque as bandas femininas já ganharam deles – e o All Saints é uma pérola! Com suas vozes doces, mas sensuais, suas letras excitantes e seu forte apelo sexual, estas quatro mulheres (elas definitivamente são mulheres, não meninas) estão prontas para estourar nas paradas de 1998.**

Misture quatro meninas bonitas, que são fantásticas compositoras e cantoras vibrantes, junte um pouco de estilo com uma pitada de sexualidade e adicione muito ritmo. Pronto, você chegou ao All Saints, um grupo de quatro jovens mulheres com muito talento, ambição e segurança, que fazem uma música tão boa que ... ufa!

O All Saints apareceu lentamente... não sofreu uma exposição contínua na mídia, como tantos outros grupos. A cobertura da imprensa foi cuidadosamente planejada pela gravadora, a London Records. Graças a essa exposição gradual, as quatro garotas que formam o All Saints – Melanie Blatt, Shaznay T. Lewis e Nicole e Natalie Appleton – já estão no caminho da fama. Pretendem alcançar o topo ainda este ano. E elas fizeram tudo às custas de duas canções eletrizantes, seguidas por um disco bem quente. Mas depois de conhecer o grupo mais a fundo, fica claro que o sucesso veio por um caminho lento e quase sempre difícil...

Os primeiros passos da banda em direção ao sucesso foram dados por Shaznay Lewis. Com treze anos, ela costumava ficar horas no quarto fingindo ser uma DJ. Depois de apresentar cada música, imitava a cantora – de Madonna a Whitney Houston – e gravava sua própria voz. Ela também tinha o hábito de anotar qualquer letra de música ou melodia que lhe viesse à cabeça. Era uma paixão que cultivava desde pequena.

Aos quinze anos, começou a participar de concursos e conseguiu trabalhos como *backing vocal* de Ben Volpeliere-Pierrot (o ex-cantor da banda Curiosity Killed the Cat, dos anos 80) e Don-E.

# O All Saints é uma pérola!

Shaznay então conheceu Melanie Blatt num estúdio de gravação de Londres, em uma rua chamada All Saints. Elas se juntaram em 1994 com uma terceira parceira e colocaram o nome da tal rua no grupo (no início, era All Saints 1.9.7.5.). Elas foram contratadas pela ZTT Records, lançando duas canções que logo foram esquecidas.
O primeiro show ao vivo aconteceu no palco montado pela revista *Touch*, no Notting Hill Carnival – mas, segundo Mel, o trio e a gravadora não sabiam que direção tomar. Assim, tudo acabou rapidamente.

A outra menina saiu da banda para tentar uma carreira solo. Mel e Shaz (que são compositoras) tiveram que procurar uma nova vocalista. Depois de alguns meses, o pai de Mel encontrou uma velha amiga da garota: Nicole. Ela se mudara para outra cidade anos atrás. Nic, Nat e Mel freqüentaram a mesma escola durante dez anos. Isso facilitou a união e, para nossa sorte, tudo deu certo. Elas convenceram Nic a sair do emprego e entrar na banda como cantora e foi aí que as coisas começaram a andar.

Mas o sucesso não veio por acaso. No começo, existiam poucas bandas femininas e, para piorar, elas não tinham nenhuma experiência com as gravadoras. Eram enganadas por aproveitadores desonestos. Mel lembra que chorava desesperadamente à noite, por pura frustração, esperando uma chance. Será que um dia elas ficariam famosas?

# Mel

**Nome completo:** Melanie R. Blatt

**Apelido:** Mel-odie... entre outros. Ela diz que Shaznay a chama de Smell e Nic e Nat de Bucket. Escolha um!

**Data de nascimento:** 25 de março de 1975

**Signo do zodíaco:** Áries

**Olhos:** Castanhos

**Marcas pessoais:** *Piercing* nas orelhas e notas musicais tatuadas no braço direito.

**Onde mora:** Ladbroke Grove, Londres, com os pais e uma irmã de dez anos, Jasmine.

**Gosta de:** Cozinhar e assistir a programas de culinária na tevê.

**Detesta:** Desonestidade.

**Ambição:** Que o All Saints consiga ser tão famoso quanto os seus ídolos musicais, Missy "Misdemeanour" Elliot e Blackstreet.

**O que fazia antes do All Saints:** Trabalhou numa loja de roupas exóticas, mas só agüentou três horas! Também fez pequenos papéis em comerciais de tevê.

**Músicas que chamam sua atenção:** Mel respeita muito Stevie Wonder, porque ele influenciou todos os seus artistas preferidos. Ela gosta de garage, hip-hop e blues.

A angelical Melanie se vê mais como santa do que como pecadora

**Lembrança mais antiga:** O nascimento da irmã mais nova. Na época, ela tinha apenas 11 ou 12 anos. Adora a irmã e se dá muito bem com ela.

**Qual "Saint" ela é?** Melanie reconhece que é a organizadora do grupo. Tem de tudo na bolsa, desde aspirinas até chicletes, no caso de alguém precisar. Ela se acha calma, brincalhona e generosa, além de simpática, mas não pode falar pelo restante do grupo.

**Santa ou pecadora?** A angelical Melanie se vê mais como santa do que como pecadora, mas admite que pode ser tanto uma quanto a outra, dependendo do humor

**Homem perfeito:** Ela confessa que gosta do boxeador Robin Reid... especialmente quando ele está suado.

**O que as outras Saints dizem:** Ela é a enfermeira da banda.

**Cara mais lindo do mundo:** Jay, do Jamiroquai.

**Segredo guardado a sete chaves:** Melanie fez um comercial de pasta de dentes com Baby Spice.

# Mel

Dura e confiante por fora, Mel é uma manteiga derretida por dentro. Lutou muito para conseguir realizar o sonho de formar uma banda e tocar uma música legal. Conheceu a amiga Nic em uma escola de teatro para jovens, que freqüentava com Emma, das Spice Girls. Ela diz que elas não eram amigas, apenas conhecidas. Mel andava com Nic e Denise von Outen (que ficou famosa em *Big Breakfast*) mas revela que nenhuma delas foi escolhida para os testes, só porque a escola já tinha as suas prediletas! Ela admite que é uma cínica!

Depois foi para a França porque precisava fazer uma cirurgia nas costas. Sua mãe quase morreu com a possibilidade de a filha ficar paralítica. Então, fez as malas e mandou-a para uma cidadezinha cheia de velhos. Sem falar francês, Mel achou que trocar de escola foi o pior desafio de sua vida. Mas ela é uma guerreira: se acalmou e depois de uma cirurgia de sucesso (agora ela tem uma enorme cicatriz nas costas, que é fechada por pinos de metal), voltou para a Inglaterra, falando francês fluentemente e cheia de ambição.

Melanie sempre gostou de cozinhar e ficou animada quando Nic levou-a para ver as filmagens do seu programa favorito, *Ready, Steady, Cook!* Só para avisar, Shaznay não é tão entusiasmada com a comida que Mel faz: da última vez que a experimentou, passou mal durante vários dias! Nic e Mel são grandes amigas e sempre se divertem muito. Nic conta que ela sempre tem remédios na bolsa e vive chamando-a de louca! Apesar de ser bem bonita, e muito talentosa, ela diz que não tem uma grande auto-estima e é insegura, principalmente na vida pessoal. Revela também que não teve muita sorte no amor e admite que não sabe paquerar direito, mesmo depois das aulas de Nic. Mas esperamos que ela aprenda logo. É muito ligada à família e conta que os pais são *hippies:* uma de suas lembranças mais felizes é de ter ido a um festival quando tinha apenas seis anos, onde ficou tocando violino no teto do carro dos pais!

Ela não se dá bem com outras mulheres e diz que os homens são geralmente bem mais honestos. Suas melhores amigas são as meninas da banda. Sempre conversa com Martin, um dos seus dois melhores amigos quando está chateada.

Mel gosta de estar no controle e costumava se envolver muito no aspecto comercial da banda, embora agora esteja ocupada demais para isso. Só de pensar que possa acontecer algo que ela não sabe, já fica nervosa! Hoje, prefere manter sua vida pessoal em segredo e ainda acha difícil lidar com a atenção do público. Tem dificuldades em mostrar seus sentimentos para as pessoas, independente do assunto: se a imprensa revela algo confidencial sobre sua vida, ela fica envergonhada, mas depois nem liga... mesmo que no fundo esteja preocupada.

Mel não acha que se defende tanto quanto devia porque nem sempre é fácil irritá-la. Fazer parte do All Saints ajudou a torná-la mais segura e ela tem orgulho de tudo que conseguiram juntas. Sabe que todas acham que a música é a prioridade e que o restante das meninas mantém sua sanidade.

# Visões Santas de Mel

**Spice Girls**
Mel acha que elas são legais e que é interessante terem se tornado um fenômeno. Mas ressalta: as All Saints são mais bonitas e estão num nível superior!

**Decoração**
Ela não gosta de flores e frescuras... e sua cor preferida é o bege.

**Ficar bêbada**
O jeito mais fácil de embebedá-la é com vinho branco e licor de groselha. Depois de três doses, ela já está rindo e dançando... mas não bebe muito porque tem medo de vomitar.

**Animal favorito**
Mel gostaria de ser uma tartaruga porque elas não fazem nada o dia inteiro.

**Animal que mais detesta**
Mel odeia o cachorro da irmã. Diz que ele é branco, fofo e baba por todos os cantos.

**Calças**
Ela tem centenas de calças que comprou na França. As outras, compra na Marks & Spencer.

**Bebês**
Diz que se tiver filhos, seus nomes serão Lip e Sot!

**Culinária**
Ela sabe fazer de tudo, desde *fondue* de queijo até almôndegas de cordeiro. Adora cozinhar e é a "chef" da banda: talvez seja o seu lado francês se revelando!

**Sair à noite**
Quando não está trabalhando aos sábados à noite, gosta de ir ao Complex (uma animada casa noturna de Londres) ou ao Browns (um bar de artistas), ou de bagunçar com as amigas.

**A irmã mais nova**
Mel divide um quarto com sua irmã, Jasmine, e metade do quarto é coberto de Barbies e pôsteres do Hanson. Admite que às vezes elas brigam, apesar de se adorarem.

**Filmes favoritos**
Mel adora o filme ...*E O Vento Levou* porque é um clássico e ela é louca por Clark Gable.

Ela não gosta de flores e frescuras... e sua cor preferida é o bege.

# Homens?! Quais São os Melhores?

**As garotas do All Saints podem cantar sobre o sexo, amor e homens – mas qual é o tipo de cara que elas preferem? E qual o tipo de homem que você nunca verá ao lado delas? Leia para descobrir tudo!**

## Os homens que elas adoram odiar

Mel detesta os "homens da nova era" (os da década de 90) e os que acham que devem seguir um tipo padrão. Se o cara agir como um cavalheiro, tudo bem, desde que não faça isso só para agradar. Mas os caras que a deixam doente são os muito carinhosos. Não suporta aqueles que ficam esperando na porta da casa dela e batem na janela às três da manhã. E não se sente atraída por um cara que usa terno e carrega uma pasta, mesmo que ele seja bonito – com terno, o homem perde a graça! A vaidade é outro defeito: se não quiser tomar banho durante uma semana, tudo bem. Mas se ele se olha no espelho mais do que ela, esqueça.

Nat odeia os caras que usam calças muito largas e aqueles que dançam como bobos em uma danceteria! E outra coisa que não funciona é quando um homem tenta impressioná-la – ela acha isso um saco.

Nic detesta os homens que se aproximam dela só porque é famosa e Shaznay odeia os que são indecisos e concordam com tudo o que ela diz. Sim, Senhora...

## Os homens que elas adoram namorar

Shaznay, romântica até o último fio de cabelo, adora os caras amáveis e carinhosos: admite que nunca saiu com alguém que não fosse romântico! Ela gosta bastante de um abraço e de caras que não têm medo de mostrar o que sentem. Se ele não for romântico quando está com ela, logo pensa que algo vai mal. Para ela, comportamento e o jeito com que ele chega perto dela contam bastante. Os homens precisam ser realmente

Shaznay, romântica até o último fio de cabelo, adora os caras amáveis e carinhosos.

bonitos, mas se não se aproximarem da forma correta, não são legais.

Nic gosta de um cara que possa conquistar sua confiança, seja bem-sucedido e se destaque no que faz. Prefere os caras que possam lhe ensinar algo novo. Sobretudo os homens mais velhos, que são bem compreensivos. Adora pessoas engraçadas, inteligentes e que tenham a cabeça no lugar. Nat também gosta dos inteligentes, enquanto Mel adora os que têm um estilo natural e sabem como se comportar.

## As meninas do All Saints tomam a iniciativa

Nic diz que nunca tomou a iniciativa de chegar em um homem. Ela só paquera, e acha que tomar a iniciativa é "feio". Nat confessa que já se aproximou de um cara em uma casa noturna e depois caiu na escada, enquanto ele estava olhando para ela. Não foi nada legal...

Shaz acha que nem ela nem o namorado tomaram a iniciativa. Eles só começaram a conversar. Mel foi a uma festa recentemente e se aproximou de um cara – mas quando ele lhe pediu o número do telefone, ela ficou envergonhada e passou o resto da noite longe dele!

## Segredos insolentes

Nic lembra que há três anos levou Nat para encontrar o irmão do namorado dela. Eles saíram para jantar e depois de dois dias Nat saiu de Londres e foi morar com ele em Manchester. Ele se chamava Darren, e até hoje a mãe dela não pode ouvir falar desse cara! Nic ficou quase um ano com ele e admite que não se conforma que o namoro tenha acabado... mas não teve jeito.

**Mel adora os caras que têm um estilo natural e sabem como se comportar.**

Nat saiu com um cara do tipo que sabia de tudo sobre as mulheres – nomes de grifes famosas e coisas assim. Quando ele lhe mostrou um vestido Gucci em uma loja, ela o mandou passear no departamento masculino!

Mel confessa que nunca experimentou o amor verdadeiro. O que sempre acontece é que ela fica completamente apaixonada e o cara não a ama.

# A História do All Saints-Parte 2

**Para o All Saints, o trabalho duro e a sorte se juntaram quando o cenário musical mudou da noite para o dia. Isso aconteceu em julho de 1996 com o aparecimento das Spice Girls. De repente, ser mulher era moda e todas as gravadoras do país estavam procurando uma banda feminina. Elas aproveitaram as vantagens do "Girl Power" – mas não querem parecer um xerox daquelas cinco garotinhas sem graça.**

O All Saints escolheu a sua gravadora atual, a London, porque todas as outras que elas visitaram queriam que elas fossem cópias idênticas de Mel B, Mel C, Victoria, Emma e Geri. Recusaram contratos até mesmo com gigantes como a Sony, uma atitude corajosa para uma banda de garotas sedentas por sucesso.

Shaznay reconhece que foi a moda das bandas femininas que as ajudou a serem apreciadas pela música que fazem. Mel, que é a cabeça do grupo, explica que compor uma música é algo pessoal e criativo, mas depende da política e das porcentagens que são oferecidas pela gravadora. Fazer uma boa música não adianta. Ela admite que tocar no estúdio é frustrante, pois o que todas elas realmente querem é fazer músicas e levá-las ao público.

Lembre-se, no entanto, que as cinco Spice se juntaram por causa de um anúncio no jornal *The Stage*. Já o All Saints passou por um processo, foi muito mais pensado e planejado.

Musicalmente, também não havia a necessidade de esconder as diferenças entre as garotas e mostrar uma unidade: todas elas cantavam a mesma música. As quatro tiveram

# ...a melhor fita demo do mundo!

as mesmas influências musicais e se uniram pela ambição de fundar o All Saints.

Tracy Bennett, diretor da London Records, estava certo em sua nova contratação. Ele acreditava que o All Saints seria a maior banda do mundo – e nada do que aconteceu desde então o fez mudar de idéia. As garotas ficaram bem animadas: em parte porque esta foi a primeira gravadora que viu a banda como um grupo diferente dos outros, e em parte por causa da fama da empresa. Ela já havia contratado bandas como o Fine Young Cannibals e East 17 e foi bem-sucedida com a banda feminina Bananarama, a principal dos anos 80.

A London também tinha fama de tratar as mulheres com respeito, e não como máquinas de fazer dinheiro. Bennett sentiu o potencial do All Saints e imediatamente as contratou em novembro de 1996. Mas admite que estava relutante no começo, até que um velho amigo (que hoje é o agente da banda), John Benson, mandou-lhe uma fita demo do grupo. Tomou coragem para ouvir e ficou impressionado: seis músicas, todas com um grande potencial. Não é de se surpreender que ele descreveu aquele trabalho como a melhor fita demo do mundo! Mal podia acreditar em tamanha sorte: nem estava procurando uma banda nova, e agora estava com uma ótima demo nas suas mãos. Ele também diz que, apesar de trabalhar com muitas bandas, Shaznay é a melhor compositora que já contratou.

Depois de garantir um contrato, o próximo passo para o All Saints era gravar um disco e lançar uma música. A equipe de produção decidiu pedir a ajuda de Neneh Cherry e do produtor Cameron McVey, do Massive Attack. Eles trouxeram o DJ Karl Gordon, famoso por seu trabalho com Steve Jervier, e Johnny Douglas, que trabalhou com George Michael. Apesar de o grupo admirar Neneh Cherry, perceberam que sua música não as influenciava – mas, mesmo assim, tiveram que admitir que o marido dela, McVey, é um grande profissional.

# Nic

**Nome completo:** Nicole Marie Appleton

**Apelido:** Nic, Nici, Fonz ou Fonzie

**Data de nascimento:** 7 de dezembro de 1975

**Signo do zodíaco:** Sagitário

**Olhos:** Castanhos

**Marcas pessoais:** Ela tem uma tatuagem do símbolo do Ano do Tigre no pulso e um anel no umbigo.

**Onde mora:** Camden, Londres.

**Gosta:** McDonald's.

**Detesta:** Desonestidade.

**Ambição:** Projetar um uniforme novo para a polícia.

**O que fazia antes do All Saints:** Ela foi garçonete, cantora em um hotel, atendente em um bar e salva-vidas.

**Músicas que chamam sua atenção:** Nic adora música e gosta de qualquer coisa que seja boa, principalmente o hip-hop. Mas também adora rock e os seus favoritos são o Prodigy e o Oasis.

**Lembrança mais antiga:** Ela lembra de uma manhã de Natal na Inglaterra, quando tinha oito anos: entrou na cozinha e viu sua mãe e sua irmã mais velha, que moravam em Nova York e tinham vindo visitá-la. Ela levou um susto, mas foi fantástico!

**Qual "Saint" ela é?** Nic é a "vida e alma" do grupo. Ela se descreve como doce, extrovertida e louca!

**Santa ou pecadora?** Ela se julga uma santa que peca de forma santificada!

**Homem perfeito:** Ela acha que uma combinação de Liam Gallagher e George Clooney seria perfeita! Nic gosta de caras que tenham um lado louco e um outro mais velho e sofisticado.

**O que as outras Saints dizem:** Nicole é a mais louca do grupo.

**Cara mais lindo do mundo:** George Clooney, de *Plantão Médico.*

**Segredo guardado a sete chaves:** Nic uma vez saiu com dois caras durante um ano inteiro! Foi tão esperta que nenhum dos dois descobriu.

Nic uma vez saiu com dois caras durante um ano inteiro!

# Nic

A ousada Nic é a melhor amiga de Mel, tanto dentro quanto fora do All Saints. Ela diz que tem um senso de humor incrível, e que não há nada que ela não faça por uma risada, desde que ninguém se machuque. Conheceu Mel na escola que freqüentava, mas perdeu o contato com a amiga quando mudou com Nat, sua irmã, para Nova York. Mas, quando voltou para a Inglaterra, foi convidada a entrar no grupo.

Quando estudava no Canadá, era a líder da torcida do time de futebol da escola: o Devils. Sua fama começou quando apareceu na capa da revista da escola vestida com a roupa da torcida.

Com 16 anos, decidiu aprender mais sobre o judaísmo (ela é descendente de judeus), para entender as cerimônias das quais a família participava. Mas hoje ela já não pratica mais a religião.

Nic e Natalie são muito amigas e às vezes paqueram os mesmos caras. Mas se gostar de algum namorado da irmã, não se manifesta. Elas conseguiram sair com dois irmãos durante um tempo.

Os pais ficaram muito felizes com a filha. Ela conta que a mãe sempre lhe telefonava dos Estados Unidos, porque estava preocupada com a sua alimentação. No começo, quando a banda era formada apenas por Shaznay, Mel e Nic, elas não tinham nada – jantavam apenas macarrão instantâneo. Os pais sempre deram apoio e acreditaram nela.

Nic tinha um diário que levava até para a cama, quando era mais nova. Hoje, ele foi substituído pelo *walkman* e pelo telefone celular.

Nic está sem namorado há dois anos. Ela se apaixonou por Robbie Williams, mas sabe que não tem nenhuma chance porque ele gosta de meninas bem mais novas! Também gosta de Johnny Vaugham, de *Big Breakfast*, e de homens tatuados. Nic tem medo de que as pessoas saibam o que ela sente, pois já sofreu por causa disso. Talvez por isso ela não se envolveu com ninguém ultimamente. É bom para Nic e Mel que as duas estejam na mesma situação, no que diz respeito aos caras.

Nic é a primeira a admitir que é muito preguiçosa e, quando o tempo está frio e chuvoso, ela adora ficar em casa, junto de alguém especial.

Nic gosta de uma boa briga e de desabafar, mas prefere discutir com os homens, porque as mulheres são "muito repetitivas" quando brigam. Ela sabe que às vezes alguém tem que chacoalhá-la, porque é meio mandona.

Ela tem muito orgulho da banda e adora quando elas saem em revistas: também ama ser fotografada e reconhece que nasceu para ser famosa. Uma garota muito extrovertida, ela deixava as pessoas abusarem da sua paciência quando era mais nova. Mas hoje ninguém lhe passa a perna. Ela acha que a indústria da música é ameaçadora: mas agora, é essa indústria que tem medo dela!

Bullet

# Visões Santas de Nic

## Mel
Ela é lindíssima!

## Comida
Nic adora salgadinhos, principalmente Doritos!

## Ficar acordada a noite inteira
Nic e Mel uma vez tentaram ficar acordadas a noite inteira em Nova York, bebendo xícaras de café com Diet Coke. Não conseguiram e passaram muito mal!

## Frase favorita
A frase mais usada de Nic: "Gooomks!" – significa "realmente esplêndido".

## Filmes favoritos
*Nos Tempos da Brilhantina* e *Dirty Dancing* são os favoritos: ela os assiste milhares de vezes. Também adora *The Muppet Movie* e *Os Suspeitos*.

## Sair à noite
Para ela, uma noite divertida é qualquer um dos seus aniversários mais recentes: foram perfeitos, porque ela fez as maiores loucuras com a família e os amigos. Nic também adora estar com as pessoas, especialmente as que são simples e gostam de rir e fofocar.

## Medo
Nic tem medo de ladrões, assassinos e pessoas horríveis. Ela detesta programas policiais. É descendente de judeus e coisas ignorantes, como o racismo, também a enchem de medo!

## Sucesso
O sucesso mudou pouco sua vida. Ela tinha medo de conhecer tantas celebridades – mas quando você se torna uma delas, descobre que todas as pessoas famosas são super normais!

## Férias
Quando era pequena, ia para Cornwall nas férias, em uma perua azul turquesa. Quando voltavam para casa, ela e as amigas usavam-na como a Casa da Wendy.

## Lavar sua própria roupa
Ela lava quando tem tempo – se não, pede ajuda à mãe. Ela não quer que mais ninguém veja as suas calcinhas!

## Spice Girls
Nic gosta das músicas "Say You'll Be There" e "Spice Up Your Life", mas acha que as outras são meio sem graça. Acreditam que as duas bandas podem se dar muito bem.

Nic e Mel uma vez tentaram ficar acordadas a noite inteira em Nova York, bebendo xícaras de café com Diet Coke

# Fama e Moda!

**All Saints falando sobre fama**

**A fama e a fortuna são as coisas mais desejadas pelas estrelas pop – mas até que ponto estas coisas mudam a vida delas? O All Saints nos conta os altos e baixos da fama...**

**Nat** conta que descobriu pela primeira vez que elas eram famosas quando viu um enorme painel do grupo em um dos principais parques de Londres.

**Nic** diz que agora elas precisam usar chapéus e óculos escuros quando querem ir a uma loja!

**Shaznay** reclama que elas nunca têm tempo para ir às compras.

**Mel** tem muito mais confiança em si mesma.

**Nic** afirma que é cansativo viajar porque as pessoas são muito diferentes. No Japão, os fãs enlouquecem e choram na frente delas!

**Nic** diz que as pessoas fazem muitas perguntas, mas que ninguém as trata como estranhas. Os outros artistas olham-nas de forma diferente. **Nat** conta que os amigos continuam os mesmos, mas os desconhecidos agem de forma estranha.

**Shaznay** não gosta da fama porque ela fica desconfiada de todo mundo.

Sobre misturar a vida amorosa com a fama, **Mel** explica que elas têm que ser cuidadosas.

**Nat** afirma que é mais aceitável que as garotas famosas tenham namorados do que os garotos famosos tenham namoradas, porque as meninas têm ciúmes das namoradas dos meninos. Entendeu?

Nic conta que agora elas precisam usar chapéus e óculos escuros quando querem ir a uma loja!

felix blox

**All Saints falando sobre moda**

**As meninas do All Saints gostam de se arrumar e preferem as roupas casuais, como as calças de soldados, os tênis da Nike, jaquetas e tops justos, que são mais fáceis de usar. Elas fazem compras em lojas diferentes, como Kensington Market, DKNY, Topshop, Diesel e Hennes.**

**Shaznay** adora pechinchar e comprou uma jaqueta verde em uma loja de pesca, na Oxford Street, em Londres: custou apenas cinco libras!

**Nat** adora as calças largas e as roupas confortáveis, e sua grife predileta é a Diesel. Mas quando sai à noite gosta de usar minissaia de couro e vestir-se de forma mais charmosa.

**Nic** e **Nat** emprestam roupas uma para a outra.

**Nic** é apaixonada por roupas de soldados, mesmo que já tenham sido usadas. Também ama agasalhos. Mas quando sai à noite gosta de roupas justas.

**Mel** adora as jaquetas de couro porque são confortáveis e podem ser usadas em qualquer lugar. Ela quase perdeu no MTV Awards uma jaqueta da Diesel que comprou no Japão. Esqueceu a jaqueta lá e eles disseram que não conseguiram encontrá-la... mas quando voltou, um mês depois, a jaqueta estava exatamente no mesmo lugar!

Calvin Klein é um dos *designers* favoritos de **Shaznay,** porque as roupas que ele faz são lindas, mas não exageradas. Ela também gosta de roupas confortáveis, como as calças do exército, porque adora andar à vontade!

Shaznay também gosta de roupas confortáveis, como as calças do exército, porque adora andar à vontade!

Calvin Klein Jeans

# A História do All Saints-Parte 3

**O disco *All Saints* foi gravado quase inteiro nos estúdios Matrix e Metropolis, com uma rápida passada por Washington. Isso foi possível graças ao esforço de todas as pessoas envolvidas. O disco tem doze músicas – dez novas e duas versões *cover* conhecidas – das quais falaremos mais adiante. Já estava na hora de escolher uma música para lançar o All Saints no competitivo mundo musical. É claro que a música escolhida foi "I Know Where It's At".**

Parace incrível que o primeiro disco da banda tenha uma música composta por Shaznay há mais de quatro anos! Produzido por Cameron McVey, ganhou mixagens de Cutfather e Jo e um rap curto de Shaznay. A música foi lançada na Inglaterra em 18 de agosto de 1997 e as garotas logo começaram a sua promoção. Participaram de um programa da tevê, que foi um momento de muito nervosismo para todas elas. Felizmente, a câmera pareceu ter se apaixonado imediatamente pela banda e as lojas foram inundadas de pedidos pelo disco "daquele grupo de garotas que apareceu na tevê". Se julho de 96 abriu as portas da fama para as Spice Girls, estava claro que, um ano depois, seria a vez do All Saints! A música conseguiu chegar ao quarto lugar nas paradas de sucesso da Inglaterra (permanecendo por oito semanas) e em primeiro no Japão. Três meses depois, decidiram lançar uma canção romântica, "Never Ever", como o próximo sucesso.

A mudança de ritmo era tentadora, mas arriscada: mesmo que esta canção lenta estivesse longe de ter uma estréia arrasadora, teve um sucesso maior do que o esperado. Escrita por Shaznay, a música reflete um período muito tumultuado na vida dela e de Mel, quando estavam sofrendo na mesma época com o rompimento de namoros.

Nic lembra que Shaznay escreveu a letra e a levou para sua casa. Shaz disse que as meninas deveriam aprendê-la, e todas amaram a música no mesmo momento! Sabiam que podia emplacar, mas não tinham idéia do sucesso que iriam atingir. Talvez a mudança de estações (do outono para o inverno) tenha sido a responsável por uma aceitação tão boa. Qualquer que seja o motivo, a canção não saía das paradas e em janeiro de 1998 chegou ao primeiro lugar.

**Apenas cinco meses antes, as quatro mulheres do All Saints eram completamente desconhecidas — agora, todo mundo fala nelas.**

O sucesso do segundo lançamento do All Saints também teve outro efeito. Seu estilo diferente mostrou que as garotas tinham talento para produzir mais do que dance music. Além de apelar para o público adolescente, também podiam conquistar os adultos. E isso foi provado quando o disco *All Saints* foi lançado em novembro. Mel descreve-o como lento e baseado no ritmo, enquanto os críticos dizem que ele oferece uma alternativa para o En Vogue e as Spice Girls.

Independente da definição, o *All Saints* atingiu as paradas de sucesso e em janeiro de 1998 elas já estavam em segundo lugar. Considerando que elas eram contra a máquina de publicidade do "Girl Power", a banda até que se deu bem!

Cinco meses antes, elas eram completamente desconhecidas – agora todo mundo só fala nelas.

Não se engane: elas são bem inteligentes. Têm qualidades intelectuais e perseguem os mesmos objetivos. É o suficiente para produzir uma boa música e fazer sucesso durante muito tempo... uma filosofia que dividem com a gravadora.

A London tem a intenção de promover as garotas e construir seu sucesso lentamente. O departamento de marketing da empresa sabe das comparações indesejáveis entre elas e as Spice Girls e já tomou providências para tornar o grupo mais forte. O diretor de marketing, Laurie Cokell, acredita que elas têm mais em comum com bandas como TLC, En Vogue e outras que tocam blues, e mantêm esta abordagem mais séria. Sua primeira cobertura da imprensa não foi em tablóides ou revistas adolescentes, mas sim na *The Face*, onde a banda foi apresentada como "malandra" e não como moderna e feminina. O diretor John Benson insiste para que o All Saints seja tratado como uma banda de longo prazo. A terceira música do disco, lançada em fevereiro de 1998, foi uma *cover* de "Lady Marmelade" – um sucesso nas paradas americanas em 1975, do trio LaBelle – enquanto outra canção que não era original, "Under The Bridge", do Red Hot Chilli Peppers, parecia uma forte candidata. Independente de qual fosse a música escolhida, não havia dúvidas de que ela seria um sucesso. Agora parece verdade que tudo o que elas tocam vira ouro. Como sempre, o All Saints sabia exatamente como chegar lá – e foi o que fizeram...

# Nat

Natalie, a arrasadora de corações, admite que se cansa rápido dos namorados e só pensa em dar o fora neles

**Nome completo:** Natalie Jane Appleton

**Apelido:** Nat ou Fat Cat, porque era superfofinha quando criança!

**Data de nascimento:** 14 de maio de 1973

**Signo do zodíaco:** Touro

**Olhos:** Castanhos claros

**Marcas pessoais:** Nenhuma.

**Onde mora:** Camden, Londres, com o pai.

**Gosta:** As histórias de Stephen King, que a fazem morrer de medo.

**Detesta:** Voar. Ela detesta quando o avião decola e sempre fica imaginando coisas "boas" como: será que este avião vai conseguir chegar?

**Ambição:** Que todas as pessoas gostem da música do All Saints e da individualidade do grupo.

**O que fazia antes do All Saints:** Era professora de aeróbica e cantava em bares. Uma vez fez um papel importante no seriado *Grange Hill.*

**Músicas que chamam sua atenção:** Nat gosta de vários tipos de música; das canções de amor antigas, os velhos raps que ouvia na escola e o rock clássico americano.

**Lembrança mais antiga:** Natalie adorou ir à Disneylândia quando era pequena. Ela não via a hora de conhecer a Branca de Neve e os sete anões, e acha que foi a melhor coisa que aconteceu na sua vida!

**Qual "Saint" ela é?** Nat gosta de pensar que é a líder do grupo... e sabe disso! Ela confessa que manda em todo mundo, como uma irmã mais velha, e se acha amigável, extrovertida e impaciente.

**Santa ou pecadora?** Natalie, a arrasadora de corações, admite que se cansa rápido dos namorados e só pensa em dar o fora neles. Mas, no geral, aprende com os erros e admite que, apesar de ter feito coisas terríveis, transformou-se em uma pessoa melhor.

**Homem perfeito:** Brad Pitt: ele é tranqüilo e realmente simples. Nat diz que ele é bem lindo e, apesar de não gostar dos homens que todas as outras garotas adoram, ela abre uma exceção para o loirinho maravilhoso!

**O que as outras Saints dizem:** Nat é a "mandona" do grupo.

**Cara mais lindo do mundo:** Brad Pitt – veja acima!

**Segredo guardado a sete chaves:** Nat uma vez beijou o namorado de uma amiga, que era sua vizinha.

# Nat

Natalie é a mais velha do grupo e foi a última a entrar no All Saints. Ela admite que é a fã número um da banda desde o começo e já sabia todas as letras das músicas, por isso não teve que aprendê-las quando entrou!

Como Nic e Mel, ela freqüentou uma escola de teatro para jovens e sempre gostou de estar no palco. Aos quinze anos, pedia à mãe para ajudá-la a se arrumar para cantar em bares de Nova York e confessa que ninguém sabia sua idade. Nos bares, cantava para pessoas de todas as idades: começava com uma música antiga, dali a pouco já estava imitando a Madonna!

Ela foi a "queridinha" da escola e era muito exibida: uma vez, tingiu o cabelo e fingiu ser uma estrela.

É muito ligada à irmã, mas confessa que Nic não lhe conta nenhum segredo, porque ela fica muito emocionada. Natalie enchia o saco da irmã, mas Nic cresceu e hoje não se incomoda mais. Ela culpa a mãe por todas as frustrações e se fica nervosa por causa do grupo, grita com Nic. Nat diz que a gente sempre desconta na pessoa que estiver mais próxima de você. Mas Nat logo pede desculpas. Ela reconhece que é meio fria nos relacionamentos e sempre termina machucando as pessoas.

Nat admite que se cansa logo dos homens e seus relacionamentos nunca duraram mais do que três meses. Ela foi magoada por um namorado quando era mais nova, e agora tem uma atitude diferente nos relacionamentos. Já se apaixonou desde então, mas prefere não se envolver muito. Porém, isso não evita que os homens caiam aos seus pés... Com sua aparência sofisticada e charme natural, chovem caras na sua horta e ela sabe exatamente como enfeitiçá-los. Já teve um caso com um cara famoso, mas não conta de jeito nenhum quem é ele.

Nat fala tudo o que pensa, mas admite que às vezes tem de fingir que está tudo bem e sorrir, especialmente no mundo da música. Mas ela diz não saber mentir! Simples, honesta e real: é como ela se descreve. Mas confessa que é muito teimosa, tem um gênio difícil e é impaciente. Ela fica muito brava com as pessoas que estão na frente dela na fila e demoram porque estão pagando um par de meias com cartão de crédito, e odeia quando o trânsito está congestionado! Sempre faz as coisas do jeito que quer e discute até a morte, por não dar o braço a torcer. Ela é desorganizada, mas tem mania de limpeza. Odeia quando alguém cozinha sem lavar as mãos antes – mal consegue comer.

Natalie logo se tornou a agente do All Saints porque achava que era melhor nos negócios e discussões, mas decidiu entrar no grupo em vez de administrá-lo. Ela nunca foi tão feliz! E nós também!

# Visões Santas de Nat

**Nic**
Nat diz que ela ama muito a irmã... mas sempre brigavam quando tentava interferir nos namoros de Nic, pois achava que os caras não eram legais.

**Não consegue viver sem**
O creme hidratante, a escova de cabelo, os livros, as sombras, Game Gear (que ela ganhou do cunhado), uma foto de Brad Pitt e a família dela: são todos imprescindíveis.

**Filmes favoritos**
Nat adora filmes – especialmente *Quanto Mais Quente Melhor, Os Bons Companheiros* e *Dirty Dancing*.

**Sair à noite**
A noite favorita de Nat começa com um longo banho, seguido de um jantar com um cara legal. Depois, ela gosta de se encontrar com os amigos e ir a um bar. Perfeito!

**A importância da fama**
Natalie pode pertencer a um grupo que está caminhando para a fama, mas não acha que seja importante ser famosa – apesar de acreditar que é importante obter um reconhecimento por sua música.

**Paquera**
No que diz respeito aos flertes com um desconhecido, Natalie é uma profissional no assunto. Qual a melhor dica? Incline a boca, pisque o olho e sorria. Jura que funciona!

**Ficar em casa à noite**
Quando fica em casa, ela prefere estar com alguém especial, uma garrafa enorme de vinho e um filme de terror no vídeo. Nat gosta de ficar em casa nas noites de sexta, porque é quando todo mundo sai.

**Ela mesma**
Natalie não teme o fracasso, desde que tenha dado o melhor de si. Ela é perfeccionista e diz que seus piores hábitos são arrotar e não arrumar o quarto.

## Nat não consegue viver sem o creme hidratante, a escova de cabelo, os livros, as sombras, Game Gear, uma foto de Brad Pitt e a família dela.

felix blow

# Santas ou Pecadoras?

**No que diz respeito à maldade, o All Saints não tem meio termo. Elas podem parecer indecentes, mas será que são boazinhas? Elas falam palavrões só nas músicas ou deveríamos lavar a boca destas mulheres com sabão, quando estão fora do palco? Santas ou pecadoras? Diabos ou anjos? Leia e faça seu próprio julgamento...**

**PECADORA**
Mel revela que todas conseguem ser impertinentes e que ela briga com qualquer um.

**SANTA**
Natalie adora ficar deitada na cama com os seus dois gatos, Nathan e Nathana, e sempre tem que limpar a sujeira que eles fazem!

**PECADORA**
Nic já foi parada pela polícia duas vezes: o conselho dela para essa situação é baixar o vidro do carro e piscar os olhos. Uma vez ela foi perseguida por um guarda nos Estados Unidos só porque não estava com a porta trancada. Nic acha o uniforme da polícia americana muito mais *sexy* do que o da inglesa.

**PECADORAS**
Certa vez, a banda ficou hospedada num hotel e elas fizeram a maior confusão. Colocaram pasta de dente nas paredes e escreveram "o All Saints esteve aqui". Rasgaram os lençóis das camas e quebraram tudo o que puderam. Shaznay admite que "exageraram". Receberam sua punição – o hotel se vingou, ao ensopá-las com as mangueiras dos bombeiros.

**SANTA**
Quando Nat estava na escola, ela adorava praticar esportes: além de ser a melhor na corrida, era também muito boa no *hockey*, porque batia nas pernas das pessoas com o bastão! Ela era realmente difícil. Mas abandonou os jogos em favor do balé que, com tornozelos quebrados, é difícil de ser praticado.

**PECADORAS**
Mel admite que maltratava uma garota na escola de teatro. Quando a coitada chegou um dia vestindo uma camiseta cheia de ursinhos, elas riram até rachar. Nic foi suspensa por ter roubado o salgadinho da menina e Mel saiu também, para lhe fazer companhia.

Nic foi perseguida por um guarda nos Estados Unidos só porque não estava com a porta trancada...

**SANTA**
A mãe da Shaznay é a pessoa mais importante na vida dela e é muito protegida pela filha.

**PECADORA**
Nat e Mel entraram no quarto de Shaz e Nic num hotel e jogaram roupas molhadas nelas, às duas da manhã. As meninas não não gostaram nada, nada.

**SANTA**
Shaznay tirou cinco notas máximas: Fotografia (ela tirou uma foto de dentro de uma árvore e a revelou sozinha), Estudos de Mídia, Inglês, Música e Arte.

**PECADORA**
Quando era pequena, Nat decidiu cortar o cabelo de Nic, a irmã mais nova, com uma tesoura de jardim. Nic lembra que tinha um cabelo comprido na época e Nat achou que seria legal cortá-lo. Os pais ficaram loucos da vida quando a viram quase careca. Eles obrigaram-na a usar um chapéu durante muito tempo, enquanto ele crescia, e Nat ficou bem encrencada!

**SANTA**
Natalie afirma que as famílias de todas as All Saints são as coisas mais importantes de suas vidas e elas nunca deixam de manter contato com as mães.

**SANTA E PECADORA**
Mel dava festas quando os pais saíam, mas sempre era pega no flagrante. Uma vez, seus pais viajaram durante um fim de semana, deixando-a sozinha, e ela deu uma grande festa. Passou o dia inteiro limpando a casa e deixou tudo brilhando... mas quando a mãe voltou, ficou furiosa porque alguém havia vomitado na porta da frente. A pobre Mel esqueceu de olhar lá fora!

Quando era pequena, Nat decidiu cortar o cabelo de Nic, a irmã mais nova, com uma tesoura de jardim.

**PECADORA**
Aparentemente, algumas coisas foram roubadas da casa dos pais de Nat enquanto ela estava dando uma festa... Nat levou um tempão para explicar que não tinha sido ela.

**SANTA**
Nic é rápida na arrumação do quarto, pois aprendeu com uma empregada nos Estados Unidos.

**PECADORA**
Todo mundo acusa Nat de ser galinha... especialmente Nic!

**PECADORA**
Certa vez, Nic disse para todo mundo que estava dormindo quando, na verdade, estava em uma festa.

**PECADORA**
Quando a mãe de Mel viu a tatuagem da filha pela primeira vez, deu-lhe um enorme sermão.

**SANTA**
Os pais de Shaznay não se importam que ela faça festas quando eles estão em casa... ou mesmo quando saem.

**PECADORAS**
Mel confessa que poderia tomar a iniciativa com um cara, especialmente se ele fosse o Brad Pitt. Nat e Nic dizem que também não teriam dúvidas.

**SANTA**
Shaznay nunca tomaria a iniciativa com um cara, e acha terrível as outras afirmarem o contrário.

**SANTA**
Nat é uma irmã muito protetora: brigava com Nic, por causa de namoros. Mas agora deixa que ela se vire e aprenda com seus erros. Ela diz que quer morrer quando alguém faz Nic chorar.

**PECADORA**
Certa vez, Shaznay guardou uma camisola que a mãe lhe dera. Há dois anos, quando foi internada no hospital com uma infecção no estômago, sua mãe lhe levou tudo, menos os seus pijamas. Então ela lhe deu uma camisola florida cheia de babados e um chinelinho combinando. Quando o resto da banda veio visitá-la, ela se recusou a sair da cama porque estava com vergonha dos trajes. Quando a enfermeira chegou, mandou todas elas para uma sala de espera porque estavam fazendo muito barulho. Nem é preciso dizer que elas morreram de rir quando viram a camisola e até hoje tiram sarro da amiga.

**PECADORA**
Nic anda nua pela casa sempre que tem vontade.

33

# Shaznay

Uma vez Shaznay bateu o carro de um amigo... e colocou a culpa em outra pessoa

**Nome completo:** Shaznay Tricia Lewis

**Apelido:** Bart – as amigas acham que quando está cantando, a voz dela às vezes parece a do Bart Simpson.

**Data de nascimento:** 14 de outubro de 1975

**Signo do zodíaco:** Libra

**Olhos:** Castanhos

**Marcas pessoais:** *Piercing* no nariz e pulseiras de metal. Ela também tem uma tatuagem do símbolo do Ano do Coelho no seio direito.

**Onde mora:** Islington, Londres, com a mãe.

**Gosta:** Pessoas de mente aberta e que respeitam os outros.

**Detesta:** Grosseria.

**Ambição:** Que o All Saints seja apreciado puramente pelo talento musical.

**Músicas que chamam sua atenção:** Shaz adora rap e Missy Elliot, que acha realmente legal.

**Lembrança mais antiga:** A maluca da Shaznay lembra de quando passou no teste para tirar a carteira de motorista. Quando o examinador disse que ela estava aprovada, ficou tão feliz que o beijou!

**Qual "Saint" ela é?** Shaznay é a quieta e tímida do grupo. Às vezes, ela é meio maluca, como as outras. Mas geralmente tem a cabeça no lugar.

**Santa ou pecadora?** Shaznay admite que gosta de ser um pouco desobediente, apesar de ser muito religiosa. Veredicto: provavelmente, uma pecadora.

**Homem perfeito:** Ela gosta de Robert De Niro, mas não tem preferência por nenhum cara em especial. Independente de quem ele seja, terá que ser alguém confiável e muito divertido.

**O que as outras Saints dizem:** Shaznay é a mais *sexy* do grupo.

**Cara mais lindo do mundo:** Brad Pitt. Para ela, Brad é delicioso!

**Segredo guardado a sete chaves:** Uma vez ela foi a uma danceteria com a saia

# Shaznay

Shaznay T. Lewis é a compositora do grupo – ela é *sexy*, quente, engraçada e muito inteligente. Também é séria e quieta, embora tenha um grande senso de humor. A família e a música são as suas duas grandes paixões, e ela as defende com unhas e dentes. Shaznay adora a mãe e diz que ela sempre a apoiou. Sua irmã, Elaine, é doze anos mais velha que ela. Elas tiveram uma briga séria e ficaram sem se falar durante um tempo. Mas a mãe as uniu novamente. A irmã é tímida como a mãe, e Shaz reconhece que é a mais barulhenta e extrovertida.

Antes do primeiro namorado, Shaznay era meio masculina e detestava beijar garotos. Ela namorou durante quatro anos, mas hoje é bem realista no amor – nunca acha que irá durar para sempre. Seu sonho é casar e ter filhos. A maioria de seus amigos são homens, porque ela se dá melhor com eles do que com as mulheres.

Apesar de às vezes receber críticas por ser muito dura, Shaznay discorda. Nem sempre sorri quando conhece as pessoas, pois acha que não é legal fingir só para agradar. Quando está dando uma entrevista, fica muito séria porque não quer que as pessoas pensem que elas são um bando de garotas fúteis. Quando as pessoas vêem o lado sério da banda e começam a respeitar as garotas pela música, aí sim ela faz bagunça. Se não estivesse na banda, diz que estaria cantando sozinha, pois sempre quis seguir essa carreira. Sua vida gira em torno da música, e é isso que ela gosta de fazer.

O melhor lugar do mundo, para ela, é sua casa: adora ficar na frente da tevê. Seu livro – e filme – favorito é *Sleepers*. Shaznay não consegue viver sem o celular, mas confessa que o único famoso que lhe deu o número do telefone foi Shane, do Boyzone.

Por ser do signo de Libra, ela sempre pesa os dois lados de um argumento e procura ser justa. É muito cuidadosa antes de tomar uma decisão e analisa todas as possibilidades. Mas uma vez mandou o cuidado para os diabos e tingiu os cabelos de loiro. Ficou um desastre – ele foi ficando cada vez mais claro e, no fim, ela teve que pintar de preto novamente. Hoje, deixa aos cuidados dos profissionais.

Mas não se engane com a idéia de "durona" que Shaznay passa – pode parecer que não é fácil lidar com ela, mas sabemos que a coisa é bem diferente! Quando lhe perguntaram o que ela acha de sair à noite, Shaznay brincou e respondeu que gostaria de tirar uma semana de férias para que pudesse se divertir com a idéia de não ter que levantar da cama durante quatro dias! Ela gosta de sair para comer, para dançar – e muito! Essa é Shaznay.

# Visões Santas de Shaznay

**Música *sexy***
Ela acha engraçado, porque elas são explícitas – e ainda por cima, rimam!

**Religião**
Apesar de Shaznay ser católica, ela não tem tempo de ir à igreja.

**Imprensa**
Quando foi a uma festa com os Boyz II Men, que conhecia há cinco anos, foi uma grande reunião, pois eles não se viam há muito tempo. Os jornais disseram que ela estava namorando com Wanya! Foi uma vergonha...

**Ricos e famosos**
Shaz diz que conhece muitas celebridades que são bem legais e conta que não foi com a cara de outras – só que não revela quem são.

**Lavar sua própria roupa**
Shaznay diz que se as meninas do All Saints ficam no mesmo hotel durante uma semana e pedem que o serviço de quarto faça isso.

**Futebol**
Shaznay jogou em um time de futebol de garotas, mas admite que nunca participaram de nenhuma aula prática e eram tão ruins que jamais venceram um jogo. Ela gostaria que a escola tivesse um time de peteca, porque é uma coisa que joga super bem!

**Ficar em casa à noite**
Espreguiçar-se na sala, enrolada nos cobertores e nos travesseiros com um amigo é a idéia que ela faz de divertir-se em casa. Os controles remotos precisam estar à mão, acompanhadas de muita comida e bebida! Ela gosta de ficar em casa nas noites de sexta, porque os programas da tevê são ótimos.

**Não consegue viver sem**
Coisas como desodorante, roupas íntimas, sombras e cosméticos favoritos são imprescindíveis.

**Filmes favoritos**
Os filmes prediletos de Shaznay são *Debi e Lóide* e *Os Suspeitos*.

**Expressões mais usadas**
As expressões que ela mais usa são "de verdade" e "tem jeito?".

**Peter Andre**
Ela acha o Peter legal, mas nada mais. Se ele a convidasse para sair, diria que está... lavando o cabelo.

Shaznay jogou em um time de futebol de garotas, mas admite que nunca participaram de nenhuma aula prática ...

DIESEL

# All Saints de A a Z

**Algumas das coisas que você sempre quis saber sobre as mulheres que agora são a sensação do mundo pop... em ordem alfabética!**

**A** de **All Saints**, o nome da banda que está abrindo caminho para a fama, apresentando quatro talentosas vocalistas e compositoras, que são muito espertas e sensuais. É também o nome do novo disco, que está cheio de músicas ritmadas e ótimas letras. E, como se não bastasse, é uma rua de Londres que inspirou o nome da banda!

**B** de **blues**... ou não! Como diz Shaznay, a banda não toca um blues comercial porque o Eternal já o faz – e elas não são nada parecidas com o Eternal. E as influências da banda são de todos os tipos de música: hip-hop, pop, rock, dance music... e blues!

**C** de **chorona**. Mel costumava chorar o tempo inteiro quando era mais nova, e ficava triste e frustrada porque detestava gritar e perder a paciência. Agora ela só chora quando fica bem nervosa e acha que a banda deixou-a mais forte. Ela diz que não chora há um ano.

**D** de **dentista**. A maluca da Nat Appleton conta que gostaria de ter feito faculdade de odontologia, se não tivesse entrado no grupo. Ela diz que adorava ir ao dentista quando era mais jovem e não via a hora de ouvir aquele barulhinho da broca.

**E** de **emoção**. Quando o All Saints tocou no prêmio de Música de Origem Negra, Mel estava mais nervosa do que nunca! Isso porque todas as pessoas que admirava estavam lá e era muito importante que eles gostassem da apresentação.

**F** de **flerte**. Nic prefere flertar com os caras a tomar a iniciativa! Shaznay a descreve como a que mais paquera e admite que Nic tem que ter certeza de estar sendo paquerada antes de corresponder. Mel não tem a mesma confiança: ela é tímida e nunca flerta. Na realidade, Shaznay aceitou a última oferta que Mel recebeu, porque a Sra. Blatt não teve coragem de ir até o fim – ela não aceita rejeição!

O momento mais embaraçoso da vida de Nat foi quando... um passarinho fez cocô na cabeça dela.

G de **Grange Hill**. Quando Nat ganhou um papel no seriado *Grange Hill*, tingiu o cabelo especialmente para a ocasião. Infelizmente, ele ficou cinza e absolutamente horroroso!

H de **heroísmo**. Uma vez, Shaznay salvou a vida de uma pessoa. Ela estava fazendo compras em uma rua de Londres, quando viu um homem deitado no chão: a cabeça dele estava sangrando. Todo mundo ficava só olhando, mas Shaz correu até a loja mais próxima e comprou um monte de panos, que usou para interromper a hemorragia até a ambulância chegar.

I de **"I Know Where It's At"**, o primeiro sucesso da banda, lançado em agosto de 1997. Escrito por Shaznay T. Lewis, ele tem um ritmo gostoso, partes de um rap e efeitos suficientes para deixar a cabeça de qualquer um girando. Ele chegou na quarta posição nas paradas inglesas e alavancou a banda.

J de **Jeca**. A fama traz a indesejável atenção da imprensa, que procura revelar o passado – mas as meninas do All Saints não estão preocupadas com o fato de seus ex-namorados venderem histórias do namoro. Mel diz que eles são decentes e não fariam isso. Shaznay concorda e acha que julga muito bem as personalidades... e mesmo assim, só teve dois namorados!

K de **Kama Sutra**. Na última vez em que contou, Nat já havia ficado com mais de 45 caras!

L de **lanchonete**, e as All Saints adoram! Nat adora pizza, comida chinesa e o McDonald's. Shaznay prefere os hambúrgueres dos botecos aos dos restaurantes da moda. Se os amigos dela vão visitá-la, ela prepara baldes de pipoca, doces e salgadinhos. Nic conta que quando fica em casa adora comer lanches com um cara e ver filmes de terror. Mel, por outro lado, é ótima cozinheira... apesar de adorar sanduíches torrados de pasta de amendoim!

M de **mentiras**, e quando é para contá-las, Nic é campeã! Ela diz que mentia compulsivamente na escola e uma vez falou para as amigas que tinha sete filhotes de lobo em casa. Disse que elas poderiam vê-los se lhe dessem chocolates. Ela ganhou um monte de chocolates, mas nunca cumpriu a promessa!

N de **nudez**. Quando elas foram convidadas para posar nuas na capa da revista *Sky*, as All Saints recusaram. Mel diz que acha patético posar nua só para estar na capa de uma revista.

O de **ousadia**. Shaznay colocou um *piercing* no nariz quando estava na escola, apesar de ser proibido. Ela o cobria com gesso para que os professores não vissem!

P de **preservativos**. Mel confessa que nunca os carrega na bolsa. Ela não é do tipo de age impulsivamente, por isso não precisa deles. Parece que a vida amorosa e o mundo musical são incompatíveis...
Mel admite que anda pensando em entrar em um convento!

**Shaznay colocou um piercing no nariz quando estava na escola, apesar de ser proibido.**

**Q** de **qualidade**. Elas não querem fazer dinheiro rápido, explica Mel – a música é a coisa mais importante e elas colocam seus corações e almas no trabalho. Mas mesmo assim gostam do dinheiro e das roupas novas.

**R** de **roupa íntima**. Nic acha que os caras que não sabem dançar usam roupas íntimas como aqueles *shorts* da Speedo, de plástico. Credo!

**S** de **sexo**. Nat confessa que elas não assistiam a filmes pornográficos quando pequenas, mas agora assistem na tevê a cabo quando viajam. Shaznay acha "engraçado"... e talvez sejam inspiração na hora de compor!

**T** de **tablóides**. Shaznay os odeia, enquanto Nat admite que fica um pouco preocupada com as histórias que eles inventam, pois não quer sentir vergonha perante sua família.

**U** de **use e abuse**. Shaznay chupou o dedo durante toda a infância e quando fez 16 anos o dentista lhe disse que teria de usar aparelho. Ela recusou, porque tinha medo que os garotos não quisessem ficar com ela.

Dois anos depois, achou que valia a pena, e por isso usou um removível. O problema é que ela sempre o perdia na máquina de lavar roupa e no fim decidiu usar um permanente.

**V** de **vexame**. O momento mais embaraçoso da vida de Nat foi quando saiu com um cara e um passarinho fez cocô na cabeça dela. Ela teve que colocar um boné que tinha na bolsa e deu uma desculpa qualquer, para poder ir correndo para casa!

**W** de ***walkman***. Natalie confessa que tem medo de cantar as letras de Shaznay na frente do pai, por causa do seu conteúdo. O que não é de se surpreender, porque algumas delas são, no mínimo, obcenas!

**X** de **raio X**. Shaznay sabe como escrever letras quentes para as músicas, e a maior parte do disco tem letras bem explícitas. E o que isso tem a ver com a Shaz? Ela diz que vê a vida como ela é. Caramba!

**Y** de **Yeeuuurch**! Mel admite que tirava sujeira do nariz e comia, mas ela tinha apenas nove anos na época e todas as amigas faziam isso. Sem mais detalhes!

**Z** de **ZTT**. O All Saints, em sua primeira formação, foi contratado pela gravadora ZTT – mas já que nem a gravadora e nem o grupo sabiam qual direção tomar, o relacionamento acabou rapidamente.

# Agradecimentos

**Créditos das Fotos**

**All Action**
John Gladwin 6, 8, 28
John Mather 1, 7, 9 (abaixo), 17, 22, 31, 42, 43, 51, 64

**Big Pictures**
30 (abaixo), 62 (topo)

**Famous**
Casper 2, 16, 19, 27, 32, 45, 46, 59, 61, 63
Walter Cornu 5 (esquerda), 11, 12, 21, 24, 33, 34/35, 50, 56
F. Duval 44 (abaixo)
Arjan Kleton 3, 52
Rudi Tucek 18, 54, 55

**Pictorial Press**
5 (direita), 30 (topo), 38, 58 (topo), 60
Robert Lewis 13, 14, 15, 26, 29, 36, 39, 41, 47, 48, 49, 53, 58 (abaixo)

**Redferns**
Kieran Doherty 37, 57, 62 (abaixo)
Jill Douglas 10, 25, 40, 44 (topo)
Michel Linssen 9 (topo), 20, 23